JN409045

자연의 품속으로

문수봉 제3시집

시와사람

자연의 품속으로

자연과 공존하는 숲속의 산장

작가의 말

자연은 사람들에게 행복을 안겨준다.

산과 강, 향 내음 나는 꽃과 푸른 나무, 바람과 파란 하늘에 하얀 구름, 밤하늘에 초롱초롱 떠 있는 별, 이것들 모든 것이 자연의 일부분이다. 인간도 그 속에서 살아가는 한 조각의 유기체에 불과하며 이 모든 것들이 한데 어우러져 스스로 흘러간다.

푸른 물결이 파도처럼 밀려오는 보리밭 사이로 사랑하는 개 누렁이와 뛰어놀던 시절이 그립다. 반려견과 머리를 땅에 맞대고 가랑이 사이로 사물을 바라보면 거꾸로 보는 세상은 비정상적이지만 신기하다. 그리고 대자연의 따뜻한 품속으로 어릴 때 꿈을 되새김하며 돌아가고 싶다.

시는 시상이 떠오르면 거침없이 써 내려가는 노래와 같다는 생각을 한다. 이제 나이 들어 더 이상 쓸 수 없는 세 번째 시집을 내면서 시의 소재가 되어준 자연에게 감사드린다.

2023년 3월 1일

차례

2부 짙푸른 나뭇잎

3부 흐느끼는 낙엽

4부 소나무에 핀 설화

5부 밤하늘의 별

1부

아지랑이 꽃

문수봉 산장 표지석

자연의 품속으로

저기
푸른 소나무가
손짓을 한다

자기의
품속으로
안겨 보라고

야생의
노란 들국화가
눈빛을 보낸다

깊은 사랑을
주겠다고

편백숲에서
풍기는
짙은 향내음은

인간에게
자연의 품속으로
들어와

건강하고
행복하게
서로 돕고 살아
가자고 한다

아~
자연이여

넓은 가슴을
활짝 열고
마음으로
안아다오

삶에 지친
사람들을
위하여

아지랑이 꽃

눈앞에
어른거리는
아지랑이
누구를 유혹하는
손짓을 하는가

사랑하는
마음이
멀어져 갈까
두려워하고 있네

불꽃처럼
타오르는
신기루를
그리워하면서

봄소식을
가슴속에
살며시
간직해 주려는
우편 배달부

아름다운
봄꽃을
피우게 하는
요술사라네

영혼이 담긴 독도

동해
푸른 바다 위
외롭게 떠 있는
바위섬 독도

나 여기
거친 파도
헤치며
찾아왔네

눈 부신 태양이
처음 떠오르는
동(東)도

그곳에
내 깨끗한
영혼을 묻고

태양이
바위섬 넘어
떨어지는
서(西)도

그곳에
가녀린
내 육신을
묻고 싶네

아~
우리 민족의
혼을 담아야 할
독도여
영원하라

조각난 하늘

소나무 가지 끝에
살짝 숨어 버린
파란 하늘

푸른 바다처럼
아름답고
눈이 부시다

그 바다위에
점점이 흩어진
조각난 구름은

수채화 같은
그림으로
그려지고

숲속에는
고요한 침묵만이
흐른다

숲속의 요정

숲속을
이리저리
기웃거리는
고양이

배가 고파서
먹이를
찾고 있는가

예쁘고
귀여워
정을 주고 싶지만

가까이 가면
멀리 도망가는
숲속의 요정
언제쯤
내 품에 안겨
정과 사랑을
주고 받을 수 있을까

상사화

선운사
깊은 산속

상사화가
산등성이에
붉게 피고

계곡물은
흐느낌처럼
졸졸 흐른다

산사에는
고요만이
흐르는데

중생들은
꽃이 져야
잎이 나오는
상사화를
보면서

영원한 이별
아쉬워하네

풍암호수에 가면

풍암호수
산책길
세월을
열심히 걷는
사람들

보라색
맥문동이
꽃향기를
날리고

아름다운
장미가
예쁘게
피어있는 곳

공원엔
시인들의
혼이 담긴
시화들이

바람을 타고
호수 위로
노래가 되어
흘러간다

숲

자연 속에서
동물들과 어우러져
상생의 길을 걷는 숲

숲은 자연의
일부분이지만
그 속에서
산다는 것은
행복이다

숲은 감동이다
맑은 산소를
무한정 공급한다

숲은 사랑이다
깨끗한 지하수를
끊임없이 선물한다

숲은 건강이다
명상에 잠기는
여유를 갖는다

숲과 인간이
공존할 때
비로소 자연은
아름다워진다네

※ 전라북도 산림 박물관에서 숲의 고마움을 깨달았다

눈 내리는 산사

겨울의
산사는
하얀 눈
세상이다

백암산 학바위
그 밑으로
불어오는
쌀쌀한 바람에
옷깃을 세우고

대웅전에
함박눈이
펑펑 쏟아지면
마음이 허전하다

가을에 붉게
물들었던
애기단풍은
앙상한

가지만 남겨
쓸쓸하고

푸른 비자 숲은
사람들에게
따뜻한 입김을
불어 넣는다

계절이 바뀌면
산사는 다시
활력을 찾는다

한가지 소원

새벽 세 시
달빛은
어슴푸레한데

가파른 돌계단
산들산들
아침바람이 분다

스님이
목탁 두드리며
염불하는 소리

조용한
산울림으로
가슴에 와 닿고

갓바위
부처님 앞에서

아이들 엄마
병낫게
해달라고
진심으로 빌었다

약사여래부처님
한 가지 소원은
들어 주신다면서요

꼭 고쳐 주세요
하나만
소원빌게요

백련(白蓮)

수면 위로
피어오른
하얀 연꽃

뿌리는
진흙 속 깊이
묻어두고

잎은
넓은 수면을 덮어
부끄러움을 감춘다

바람에
흔들리는

꽃대는
아름다운 꽃송이를
피워 올려

보는 이의
마음속에
행복을 가득
채워주네

새들의 속삭임

숲속에서
들려오는
작은 새들의
속삭임

새벽
다섯 시가 되면
어김없이
찾아와서

새로운 하루를
열자고
귓전에 대고
노래를 부른다

오늘도
예쁜 새들의
청량한
지저귐에

행복한
하루가
열린다

꿈속의 여인

어젯밤
꿈속에서
눈물을 흘리는
그녀를 보았다

하염없이
사랑하는 임을
그리워하며
기다리는 그녀

언제나
그 임이 올까
안절부절
못하는 모습이
안타까웠다

따뜻한
마음으로
눈물을
닦아주고 싶은 여자

어떡하나
깊은정이
가슴속을
꽉 채우면

그녀의
아름다움을
가슴속 깊이
간직하고 싶네

봄비

겨울이 지나고
따뜻한
봄이 되면
봄비가
자주 내린다

이슬비가
흙을 촉촉이
적시도록
내리는 것은

땅속의
새싹들을
틔우기
위함일까

며칠마다
내리는 비가
신기하고

자연의 섭리가
오묘하기
때문에

이 땅의
생물들이
한없이
고마워 한다네

마음속 가을

바람에 스르륵 스르륵
낙엽 구르는 소리

잔디 위에
하얀 서리
내리면

마당 앞
홍매화 나뭇잎도
붉게 물들고

마음속 가을도
깊어만 간다

스르륵 스르륵

스르륵 스르륵
그대 내게로 다가오는
발자국 소리

스르륵 스르륵
내 마음
녹는 소리

회색빛 안개
울타리 외등 위에
살포시 얹어 있네

당신이 머무는 곳
환상 속의 극락
속세의 천국이어라

안개비와 춤 1

소나무 숲 사이로
새하얀
너울 쓰고

훨훨 춤추며
지나가는 안개비

아름다운
풍광을 바라보며
가슴에 품은
슬픔 잊은 채
넋을 잃고 바라본다

목 언저리에
엉겨 붙은
쓰라린 아픔
지울 수
있다면

안개비 따라
한없이 흘러
번뇌 없는
먼 곳으로
떠나가고 싶네

안개비와 춤 2

하늘에서
신선이 내려와
앞산에
그림을
그려 놓았나

하루에도
몇 번씩
산이 되고
바다가 되고
하늘이 된다

어느
화가도
어딘가
화랑에도
볼 수 없는
살아
움직이는
예술작품

봄, 여름
가을 겨울
뉘라서
날마다

아름다운
명화를
감상할 수
있으리

안개비와 춤 3

밤새워
온산을
안개비가
실오라기로
피어올라

새하얀
융단으로
휘감아
구름바다
되었네

하얀 물결 위에
떠 있는
섬들 사이로

내 마지막
꿈이 영글고

고요한
사색이
어우러져
천국의
문이 열린다

안개비와 춤 4

비가 내린다
안개가 흐르며
앞산이 바다 위에
둥둥 뜬다

비구름이
자욱이 깔리며
너울너울
춤을 추네

물결 따라
어딘가로
흘러 갈 것 같은
아름다운 산

너울춤이
사람들의
평온한 마음속을
헤집고 다닌다

2부

짙푸른 나뭇잎

명지산 물안개

청매실

매서운
겨울바람
견디며

꿋꿋하게
살아온
청매화

봄이 되니
하얀 꽃을
피웠다

봄볕을
즐기는가
싶더니

화사한 꽃잎
세월에게
빼앗기고

둥글고
푸른 열매
맺어

사람들에게
새콤한 맛
선물하네

호박꽃

소나무 허리를
휘감고 올라가는
호박꽃

나팔처럼
널따란 꽃잎이
아름답다

사람들은
호박꽃도
꽃이냐고
비아냥
거리지만

소나무를 껴안고
커가는
노란 꽃이
자연과 어우러져
멋지고
어여쁘구나

바람 따라가는 길

바람 결에
들려오는
소곤거림

누구와
사랑을
속삭이나

가슴속
깊은 곳에
정을 주고

바람 따라
먼 곳으로
떠나갈 것을

내 얼굴에 가을이

황금 들판이
사라지고
매서운
바람이
불어온다

나뭇잎은
갈색으로
물들고

내 얼굴에도
가을이
찾아왔구나

주름진 얼굴
깊게 파인
골짜기마다
인생의 아픔이
배어 있네

살아온 길 위에
붉은 노을이
물들면

어디로 가야 할까
한숨 소리만
가득하다

울릉도

깎아지른 바위
가냘프게
몸통을
지탱하고 있는
소나무가
애처롭다

동해
맑은 물이
마음속에
물결치고

짙은 빨강색
붉은 해가
수평선 위로
떠오른다

철썩이는
파도가
내 가슴 속을

때리면

눈부신 태양은
부끄러워
구름으로
얼굴을 가린다

가슴이
울렁이는 곳
울릉도
그곳에
머물고 싶다

쓸쓸한 인생길

터벅터벅
두줄 발자국
하얀 눈 위에
흔적을
남기며 걷는다

눈 쌓인
소나무 가지는
겨울 바람에
춤을 추고

골짜기
불어오는 북풍은
얼굴을
차갑게 하네

쓸쓸하게
눈 위를 걷는
외로운
인생길

별빛처럼
빛나는
하얀 눈을
가슴속 깊이
간직 하리라

멍든 가슴

흘러가는
세월 속에서

아픈 상처를
간직하고

살아온
멍든 가슴

바윗돌에
부딪치며

흘러가는
물결처럼

아픔을 견디며
살아야 한다네

왕대 밭에

왕대 밭에
왕대
난다던가

굵은
대나무가
하늘을 찌른다

비 온 뒤
죽순이라더니

땅을 뚫고
솟아난
왕대 죽순

사람들의
입맛을
돋구어 주네

야생 고양이

신속 깊은 곳 통나무집
야생 고양이가 찾아왔다
야홍 야홍 야홍
먹을 것을 달라고 아우성이다

몸 색깔이 호랑이 무늬로
앙증맞고 아름답다
야생이라서 손을 대면
깜짝 놀라 줄행랑을 친다

도망치는 뒷모습이 귀엽다
생선을 주면
게 눈 감추듯 먹어 치운다

산속 어딘가에 둥지를 틀고
비바람을 피하면서
외롭게 살아갈
고양이가 측은하다

조그마한 집을 만들어 주었다
들어가지 않고 경계하는
눈빛이 뚜렷하다

언제쯤 산골 통나무집을
자기 집처럼 생각하면서
포근한 잠을 잘 수 있을까
그날을 기다려 본다

자연과 행복

하늘에는
구름

솔숲 스치는
바람

숲속
예쁜 야생화

아름다운
자연 속

행복이
가득하네

헤엄치는 별

달이
서쪽 하늘로
흐르는 새벽

어슴푸레한
하늘에
별 하나가

헤엄치듯
어둠 속으로
사라진다

시간이 흐르면
파란 하늘
뒤편에서

그리운 사람의
정을
못 잊어 하겠지

수국 축제

해마다
수국 축제가
열리는 곳

경남
거제시 남면
저구항

바닷바람에
청춘을
빼앗겼나

팔월의 꽃은
볼품없이
시들어가네

내년
칠월이면
화사한
꽃봉오리를

다시 피워

빨강
보라
흰색
꽃 잔치를
벌리겠지

사람들은
아름다운
수국을 보고

가슴속
깊은 곳에
행복을
피우리라

산벚꽃

푸른 숲속
띄엄띄엄
피어있는
산벚꽃

눈부신
하얀 꽃들이
애잔하게
보인다

어떤
매개체가
깊은 산 속에
씨를 뿌렸을까

바다 위에
점점이
떠 있는
섬들처럼

외롭게
흩어져 있어
애처롭고
눈물겹구나

기와불사

선운사
법당 앞
기와불사

검은
기왓장에
하얀 글씨로

손주 녀석
건강하게
살라고
정성 들여 쓰고

두 손 모아
세 번
빌고 나면
가슴속에
훈훈한
바람이
불어온다

저 기왓장이
어느 사찰
지붕에서

마음의
평안을
가져다줄까

이제 이승을
떠난다 해도
아무런
미련이 없겠네

바윗돌

어젯밤
많은 비가
내리더니

한밤중
쿵하고
바윗돌
구르는 소리에

잠을
설쳤네

아침에
일어나보니
큰 바위가
나무 울타리를
덮쳤다

어쩌면 좋아
새로이
만들려면
속마음
아파하겠다

장미원

깊은 산속
맑은 공기
어머님이
잠든 곳

바람에
흔들리는
장미원이
눈앞에
펼쳐진다

사랑을
의미하는
아름다운
장미꽃

그윽한
장미향

어머님이
그리워
눈물 짓는다

어둠의 바다

산골짜기
거슬러 올라온
회색빛 안개

외로운 산장
푸른 잔디를
어둠으로 덮고

나무 울타리
하얀 외등
슬픔을 안은 채

밝은 빛줄기
안개 사이로
퍼져 나간다

가끔은

가끔은 그리운
사람이
되고 싶다

내 주위에서
서성거리진
않지만

멀리 있는
그대가
더 보고 싶은 것은

아마도 희미하게
내 마음속에
자리 잡고 있는

아름다운
당신의
모습이어라

슬픔의 빗줄기

하늘에 구멍이 뚫렸나
절벽 밑으로
쏟아져 내리는
물줄기

억수같이
내리는 물은
어디에서 왔다가
어디로 흘러가는 것일까

슬픔을 머금은
인간의
마음속에
흐르는 눈물처럼

물 폭탄으로
조그마한
사람들의 가슴을
놀라게 하네

한줄기 빗물이
사랑을
속삭이는
연인들처럼
아름답게 보인다

운무의 춤

소나무 사이를
구름과 안개가
이슬을
머금은 채
흘러간다

빗방울은
나무를
간지럽히고

자욱한 운무는
춤과 함께
어둠을 내린다

오늘도
누군가를
마음속에 그리며
가슴 아픈 사랑을
애타게 기다리겠지

3부

흐느끼는 낙엽

홍매화

나뭇잎과 달빛

바람에
흔들리는
나뭇잎 사이

둥근달이
얼굴을
감추었다가

수줍은 듯
슬며시 나타나
어두운 밤하늘
밝게 비춘다

어딘가
잠 못 이루는
연인들이
나뭇잎 사이로
숨었다

나타나는
달빛을 보면서

사랑을
속삭이는
즐거움 속에
살아가겠지

가을바람과 낙엽

가을바람이 불어오면
단풍 든 산은 스산한
적막강산으로 변하고

낙엽이 수북이 쌓인
산길에는 햇빛이
싸늘하게 내려 앉네

언덕에 피어 있는
노란 야생화가
실바람에 한들거리고

낙엽 구르는 소리에
하염없이 눈물 지으며
잠 못 이루는 밤이네

산울림

어둠 속에서
야생동물의
울부짖는
소리가 들린다

허기진 배
채우지 못해
아쉬움을 달래는
절규일까

밤새껏
산울림이 되어
빈 가슴을
아프게 한다

방랑하는 행복

사람들은
하던 일을 멈추면
마음이 외로워진다

허전함에
바랑 시인 김삿갓처럼
동가숙서가식 하면서
세월을 방황한다네

방랑으로
얻어지는 즐거움이
행복인데

그것을
알지 못하고
고통의 하루를 보낸다
복잡한 생각을
마음속에서 비우면
행복이 찾아온다는 것을

많은 시간이
흐른 뒤에야
깨닫게 된다네

고양이 사랑

산골짜기를
어슬렁거리며
걸어 다니는
숲속 고양이

먹이를 찾아
온 산을
헤매고 다닌다

사람을 만나면
경계심이
발동해서
멀리 자취를 감추네

인간은 귀여운
고양이를
사랑스러워하지만
무엇이 무서워
꼬리를 감추고
숲속으로
몸을 숨기는가

공정과 상식

세상 사람들
진실은 없고
거짓과 오만으로
가득 차 있다

입으로는
공정과 상식을
외치지만

얼굴은
두껍고
마음은
검다

인간들은
유령처럼
선의 뿌리를
흔들고 있다

바람아 불어다오

바람이 불면 흔들리는 영혼들
인생길을 걷다가 힘들면

파란 하늘 흘러가는 구름에게
영혼을 맡기고 편히 쉬고 싶어 한다

하얀 구름이 점점이 떠 있는
푸른 하늘에
살아온 길을 조용히 그려 보네

바람이 화가 나면
구름을 날려 버리고
날아가는 구름 속에
우리네 영혼과
육신이 무너져 내린다

세차게 불어오는 바람 앞에
가슴을 내밀고 온몸으로 부딪치네

바람아 불어라
마음속이 후련하도록
시원한 바람아
마음 놓고 불어다오

새들의 식사

푸른 산들이
눈 속에 파묻혀
흙이 보이지 않는다

새들이 먹이를
찾지 못하는
하얀 눈 위에
아침상을 차려준다

어디선가
냄새를 맡고 찾아온
새 한 마리가
종알거리며
식사를 한다

시간이 흐른 뒤
이름 모를 새들이
계속해서
날갯짓을 하며

고속도로를
분주하게 달리는
자동차처럼
아침상을 찾는다

배고픈 새들은
주린 배를
채웠을까

식사를 차려준
인간은
마음에 포근한
행복을 느낀다

반려견(伴侶犬)

인간의 평생 동반자
반려견
우리들이 사랑해야 할
친구라네

즐거우면 올라타고
화나면 짖어대고
예쁘면 같이 뒹굴고
먹이를 주면 고맙다고
끙끙끙 웃어주네

친구야
우리 애완견으로 살지 말고
한 가족처럼
더불어 평생 웃으며
반려견으로 행복하게 살자

유람선

옥색 물결
바다 위를
배를 타고
유람하며

기암괴석과
푸른 소나무로
이루어진
섬을 바라본다

울릉도여
너 거기 있어
내 마음 한없이
행복하구나

글의 숙성

글은
마음속
깊은 곳에서
흘러나와
세상과
마주한다

쓰여진 글은
항아리에 담아
숙성을 시켜야
진정한
작품이 되고

푹 익혀서
진한 국물이
나올 때까지
기다려야 한다

한 편의 글은
그렇게 기나긴
탄생의
과정을 거쳐

사람들을
울리고
웃기며
감동을 준다

범종 소리

쿠우웅 쿠우웅
선본사의
범종 소리가

바람을 타고
멀리
울려 퍼진다

아직도
날이
밝아 오려면
긴 시간이
남았는데

종소리만
구슬프게
울어대네

약사여래불
모든 중생의

질병을 치료하고

재앙에서
구원해준다는
영험한 부처님

일평생을
고생으로
얼룩졌던 아내

질병에서
해방되도록
기도할게요

반드시
소원을
들어주세요

전생의 인연

산장 거실
창 너머
외로운 듯
무심한 듯

홀로 서 있는
소나무 한그루

혼자 있기
좋아하는
산장지기를
닮았나

숲도 아닌
언덕배기
잡풀사이
팔십여 년
바람에 흔들리며
우뚝 서 있네

살아온 세월
주인과 비슷해
전생에 무슨
인연 있었을까

위장 내시경

신체 내부를
관찰하는
미세한 기계

생생한
위장을
들쑤셔서
내시경
검사를 한다

수면마취로
깊숙이
기계를
들이밀고

용종 몇 개를
떼어냈다고
의사는
자랑스럽게
환자를

위로한다

이 세상에
나와서
그럭저럭
살면 되지

불쌍한
위장을
쑤셔대어
무엇이
좋으련가

영혼과 육신

인간은
영혼과 육신이
합쳐진
유기물이라네

영혼이
육신을 속여도
육신이
영혼을 속여도

흐르는
세월 속
아픈 상처
마음속으로

자신을
속이지 말고
행복하게
살아야 한다네

바람

당신이
목마르게
그리울 때

슬며시
내 곁에
다가와
불어주는 바람

스치듯
어루만지듯
사라져간

그대 깊은 뜻
내 어이
헤아릴까

새벽 네 시

어둠 속 새벽 네 시
팔공산 갓바위
올라가는 길

석등이
불을 밝혀
갈 길을 인도하네

스님의 은은한
목탁 소리에
마음은 평화롭고

바람이 세차게
몰아치는
갓바위를
숨을 할딱이며
기어오른다

멀리서
하준이의

웃는 모습이
아스라이 보이고

가슴속에
소망이
솟구친다

약사여래불
약사여래불
약사여래불

너무 예뻐
깨물어 주고 싶은
사랑스러운 손주

아프지만 말고
무럭무럭 자라서
훌륭한 사람이
되게 하소서

이름 모를 산새

새벽 창가
아름답게
노래하는

숲속의
이름 모를 산새

잠에서
깨어나지 못한
인간과

사랑을
하고 싶어
울부짖는가

동쪽에서
해가 떠오르면
노래를 멈추고

어딘가로
날아갈
운명인 것을

태극기 흔들며

바다 위
멀리 보이는
바위섬

마음속에서
핏덩이가
올라오는가
싶더니

가슴이
벅차오르고

눈물이
울컥
쏟아진다

일행들이
태극기를
흔들면서

우리땅
독도라고
외친다

누가 뭐라고 해도
독도는 우리땅인 것을

가슴이
뭉클하고

나라 사랑하는
마음이
샘솟듯 하네

욕심

바람 부는 숲 속
나뭇가지 끝에서
초승달이 춤을 추네

새벽녘 밝아오는
희미한 빛에
춤추는 자태가 아름답다

점차 둥글게
변해가는
자기 모습을 그리며

꿈에 부풀어 올라
세상의 모든 것을
갖고 싶어 하겠지

4부

소나무에 핀 설화

빗방울 꽃

산골짜기 눈물

북풍이 가고
꽃이 피는
계절이 오면

산골짜기
흐르는 물이
흐느껴 운다

가는 겨울의
함박눈이
그립다고

봄이 빨리
찾아와 꽃을
피워 달라고

흐느끼는
계곡물은
인간의
눈물이어라

안개숲

소나무 숲에
비를 머금은
안개가 흐르고

짙은 숲은
어둠 속으로
사라져 간다

한순간
미풍이 불고
안개가
걷히면서

아름다운
소나무들이
춤을 춘다
맑은 하늘이
나타나서
고맙다고

봄의 향기

봄은
멀리서
찾아오는
손님일까

조용히
문을 열고
향기를
풍긴다

냄새가
상큼한
향기로움

봄 향기에
취해서
나른한
낮잠에
빠져든다

옥색 바다

동해
푸른 바다
옥색 물로
염색한
치마로구나

깊은 곳
맑은 물이
내 마음속
깊숙이 들어와

바위틈새에
뿌리를 내리고
살아가는
푸른 소나무를
쳐다보라 하네

금계사

젓갈의 맛
곰소항
바다를 등진
산자락

변산반도
가는 길
외로운
금계사

잡초만이
우거져
초라한
사찰이
볼품없네

사사자(四獅子) 석탑
굳건하게
절터를
지키는데

석탑 속에
외로움 담아
앉아 있는
부처님이
애처롭구나

벼랑 끝에서

천 길
낭떠러지
벼랑 끝

내가
서 있는 곳
어디인가

바람만
불어도
흔들리는

가냘픈
마음
깊은 곳에

아스라이
보이는
인생길의 끝

살고 싶다는
희망을
찾고 있네

눈 쌓인 길

눈 쌓인
산장 길을
터벅터벅
걷는다

소나무 숲은
바람결에
노래하고

파란 하늘엔
구름이
춤을 추며

길 위의
하얀 눈이
눈부시게
빛나는데

마음속
어딘가에
옛 여인의
초상화가
그려진다

문수사의 겨울

졸졸졸
산골짜기 계곡물
소리가

쓸쓸한
겨울바람에
마음을 으스스
움츠리게 한다

사백년
단풍나무가
잎을 모두
떨구고
나신이 되어

문수사에 오르는
사람들의 마음을
구슬프게 하네

백제시대
지은 건물
법당에는

의자왕의
숨소리가
가슴속에
흐느낌으로
속삭이고

옹기종기
모여 있는
사찰에는

스님들의
목탁소리만
애절하게
들려온다

※고창군 고수면 문수사에서

건강이 행복

사람들은
돈이 있어야
행복하다고
말하지만

행복에는
돈이
필요 없다
건강하면
그만이지

사랑이
깊어지면
그것이
행복인 것을
모르고
살아간다네

미소

소나무
가지 끝에
살짝 숨어

빙그레
웃음 짓는
그믐달

가는 세월이
너무 빨라
마음 아파하는가

시간이 흐르면
둥근달 되어
활짝 웃는

너의 모습이
부럽기
한량없구나

함께의 의미

걷는 걸음
비록
뒤뚱 거릴지라도
함께라면
안심이 된다

혼자 걷는 걸음
제아무리
단단해 보여도

불안하고
허전한 마음
그림자처럼
붙어 있다

서로 마음을
내어주고
가슴으로
받아 드릴 때

비로소
함께라는 것의
의미가

아늑함과
포근함 속에
꽃을 피우네

외로운 섬 독도

오늘따라
바람이 불지 않아
호수 같은 바다 위를
미끄러지듯
달리는 씨스타호

불쑥 솟아올라
멀리서 바라보면
돌덩어리

가까이 보면
독도는 신이 빚은
예술품으로

숨이
막혀 버릴 듯
감동을 자아(自我)낸다

우리 민족의 혼을
불어 넣어야 할
외로운 섬

너 거기에
우뚝 서서
무엇을
그리워하는가

눈 덮인 겨울 산

북풍이
불어오는
겨울 산에
함박눈이 휘날려
소복소복
쌓인다

먹이를
찾지 못한
고라니의
슬픈 울음소리가
적막강산을
울리네

배고픈
고라니는
눈 덮인 겨울 산을
바라보며
봄이 오는
꿈을 꾸고
있을까

장맛비

자연을 할퀴고
지나간 장맛비

강둑을 허물어
읍내가 잠기고

산이 무너져
집을 삼켰네

사람들의
마음을

짓밟아 버린
한스러운 빗물

가슴속
아픔까지

하나도 빠짐없이
가져가 주오

하늘의 조화

하늘은
거대한
도화지

앙증맞은
토끼를
그리고

장미꽃을
예쁘게
펼치기도 한다

가끔은
시골의
초가집에서

하얀 연기가
피어오르는
그림을 그린다

조물주가
우주 만물을
하늘에
그리는 것은

자연의
조화 속에서

행복하게
살기를 바라는
은혜와
사랑이겠지

호박

엊그제
심어놓은
호박 모종

며칠이
지난 후
줄기와 잎이
땅바닥을
덮었네

시간이 지날수록
잎이 새까맣게
변하더니

어느 날 아침
둥근 열매를
보석처럼
달고 있네

내일은
애호박국
맛있게
먹을 수 있겠다

마음의 상처

벚꽃잎이
함박눈처럼
휘날리며
쏟아지던
어느 늦은 봄날

눈이 가렵고
콧물과 가래가
나오더니
기침을 한다

견딜 수 없는
고통이 시작되면
한 달 넘게
아픔을 참아야 한다

기관지
천식이란다

하늘에서
내린 병마인가

가쁜 숨결 소리에
마음의 상처만
깊어 간다

고라니의 사랑

숲속에서
외롭게
살아가는 고라니

무리 지어
살지 못하고
혼자서
쓸쓸하게
먹이를 찾는다

산에서
사람을 만나면
멀리 뛰어가다가
뒤돌아서서
바라본다

무서워서일까
정을 주고
싶어서일까

앙증맞게
뛰어가는
뒷모습에서
애잔함을 느낀다

함께 살아온 50년

검은 머리
파뿌리 되도록
살아라
주례의 말씀

함께
살아온 50년은
긴 것 같지만
너무 짧다네

기쁠 때도 있지만
슬플 때도 있었고
싸울 때도 있지만
즐거운 날들이
더 많았지

이제
작별의 시간이
다가오고 있네

죽음을
같이 할 수는 없는 것
헤어진다고
서러워 말자

함께
저세상으로
갈 수 없다고
슬퍼하지 말자

어차피
인생은
혼자 가는 길
아니던가

예쁜 여자

여자는
자신이
예쁘다는 걸
모르고 있을 때
진정 이쁜여자다

마음속
가득한 사랑
그대에게
말 못하고
가슴앓이 하네

5부

밤하늘의 별

눈꽃 속에 핀 시화

반짝이는 별

푸른 숲
맑은 공기
마음을 훔치는 곳

밤하늘에
별빛이
유난히 밝은 밤

반짝이는
별들을
한아름 따다가

누군가의
가슴에
안겨주고 싶네

별 하나의 꿈

새벽하늘
눈부시게
반짝이는 별 하나

울적한
마음을
달래 주려하네

시간이
흐르면
밝음을 감추고

어느 사랑하는
임의 품속에
안기려나

야생화 되어

낙엽이
떨어지는
어느 가을날

가슴속을
가득 메운
슬픔이

안개처럼
늙은 육신을
휘감아

정신이
가물가물
해진다

나 죽으면
한 송이
야생화 되어

산속
여기저기에
피어나리라

아름다운
꽃
짙은
향 내음으로

고양이의 지혜

사랑스러운
고양이
뒹굴고
엎어지고
애교를 부린다

앞발로
땅을
헤집고
구덩이를
파더니

파놓은
구덩이에
응아를 하고
뒷발로
깨끗하게
묻어 버린다

숲속에
살지만
지혜롭고
귀여운
동물이구나

왜 먼저 갔어

형
순서대로
가야지
왜 먼저 갔어

인생은
고달프고
외롭다지만

죽는 순서가
있어야
할 거 아니야

먼저 가버린
형이
아쉽기도 하지만
언젠가는
가야 할
삶의 끝에서

슬픔을
삼킨들
눈물을
흘린들

무엇하랴
가슴만
먹먹해지는데

어머니의 영혼

아침 일찍
산속 깊은 곳
고양이가 웅얼거린다

야홍 소리가
산야를 조용히
흔드네

일 년 전 천상 가신
어머니의
흐느낌인가

아침이면 찾아오는
주인 없는 고양이가
영혼을 부른다

별빛

별빛이
초롱초롱
빛나는 밤

밤하늘 별들을
조각내어
가슴에 품고

사랑하는
여인의
가슴속으로

헤엄치듯
들어가
안기고 싶다

연못속 달과 별

첩첩 산중
깊숙한 곳
조그마한
연못

낮에는
수련이
예쁘게
피어나고

밤에는
달과 별이
물속에
잠긴다

가끔
한 쌍의
원앙이
찾아와서

사랑을
속삭이며
즐겁게
놀다가고

새하얀
수련꽃은
실바람에
춤을 추네

일주도로

바위를 깎고
터널을 뚫어
만들어진
울릉도 일주도로

비좁은 버스길을
마음 조아리며
달리는데

깎아 지른
바위산에
푸른 소나무가
바다를 바라보며
외로움을 달랜다

바위틈새로
들국화가
만발하고

옥색 바다에
뿌리를 내리고 있는
삼선암에

부딪치는
물결 소리는
아름다운
사랑을 노래한다

※ 삼선암은 경상북도 울릉군 북면 천부리에 있는 3개의 뾰족 바위를 말함

아름다운 구름

파란 하늘은
그림을 그리는
넓은 그림판

뭉게구름
아름답게
피어나고

때로는
동물모형
형상이 나타난다

힘없는
구름은
바람이 불면
하늘 끝으로
쫓겨 가지만
파란 하늘에
다시 나타나
그림을 그리고

구름 사이로
한줄기
햇살을 뿌린다

불덩이 같은 태양

붉은 태양이
서쪽 산 위로
흘러간다

시뻘건 불덩이
산 정상에 걸쳐
이글거리네

둥근 봉우리가
혀를 날름거리며
태양을 삼키고

빛을 잃은 어둠이
적막 속으로
사라진다

목욕하는 여인상

푸른 숲속
깊은 연못
나신의 여인

선녀처럼
긴 머리
풀어 헤치고

아름다운
몸매를
자랑하지만

물기 없는
머리가
안타깝구나

※ 돌로 빚은 목욕하는 여인상 앞에서

마지막 소원

인간이
태어나는 것
자연의 현상이라네

세월 따라
흘러가는 것이
순리인 것을

늙으면
조금아파도
병원에 가고

오래
살고 싶다고
발버둥을 친다

인생은
한번 왔다가

흙으로
돌아가는
운명이거늘

마지막
소원이
있다면

죽음을
눈앞에 두고
고통 없이

생을
마감하는
것이라네

소매물도

거제시 남면
저구항
여객선
구경 삼호

푸른 물결
가르며
부두를 떠난다

바다 위에
우뚝 솟은
바위기둥은

뿌리를
깊숙이
물밑에
의지하고
파도는
바윗돌에
거칠게

부서진다

가까운
섬에는
옹기종기
마을이

저 멀리
바다 위에는
아스라이
섬들이
보이고

조그마한
가슴속
물결을
가르는
파도는
확 트인
수평선 위에
마음을 던진다

보일 듯 말듯

안개
자욱한 길
보일 듯 말 듯

영혼이
나타나고
이슬 같은
안개 속으로
사라진다

손을
잡아 달라고
아우성치는

내 가슴속
그 임에게
보일 듯 말 듯
그림자 없는
사랑을
마음속에
안겨주네

슈퍼 문(super moon)

일 년 중
가장 크고
둥근달이 뜨는
사월 보름날

슈퍼 문
크기는 십 프로
밝기는 삼십 프로
더 밝단다

오늘 밤
더 크고
더 밝은 달을
가슴속에 품고

회오리
바람 속으로
늙은 인생을
맡겨 버리고 싶다

견우별 직녀별

한여름
밤하늘에
유리알처럼
반짝이는
별들을 보며

견우와
직녀별의
가슴 아픈
전설을
머릿속에
그려본다

일 년에
한 번밖에
만날 수 없는
헤어짐을
간직한 별

그 별을
따다가
가슴에 품고
슬픈 웃음을
짓는다

누굴 만난들

너를 생각하면
입가엔 미소가
피어오르고

너를 안으면
아늑하고
짜릿하고
유쾌한 기분

마음은
어떤 것도
다 품을 만큼
널널해 진다

가슴을 훑고
지나가는 황홀감
너의 사랑 속에
피어나는
뜨겁지도
차갑지도 않은

적당한
온도의
포근함

누굴 만난들
이만하랴

천국이 따로 없네
내 마음속이
천국이지

서글픈 울음

새벽 다섯 시
어김없이
창가에
찾아와서
지저귀는 산새

사람들의
정이 그리워
먼 곳으로
날아가지
못하고

날이 밝아오는
산장에서
서글픈
울음으로
노래하는가

춤추는 빗방울

하늘에서
빗방울이
춤을 춘다

바람도
흥겨운
노래를 부르네

태풍이
춤판을
만들었나

인간의
눈망울을
즐겁게 하네

미사일

북한에서
남쪽을 향해
미사일을 날렸다
2022년 11월 2일

울릉도에는
공습경보가
발령되고

그곳 도동에는
조그마한
내 육신이 머물고 있었다

정치는
혼돈 속으로
빠져들고
진보와 보수는
머리가 깨져라
싸움을 한다

미운 아이
떡 하나
더 준다는
진보 정치

미우면
준 떡도
뺏는다는
보수

공산주의자는
보수가 미워서
미사일만
계속 쏘아 대고 있다

|해설|

상생(相生)의 자연, 실존(實存)의 거울로서의 자연

- 문수봉 시집 『자연의 품속으로』

강 경 호
(시인, 한국문인협회 평론분과회장)

1.

일찍이 아리스토텔레스는 "시는 자연의 모방"이라고 말했다. 객관적 사물인 자연이 시인의 내면으로 들어와 그것을 시대정신과 절대정신으로 향하게 하는 무한한 가치의 고양을 이끌어낸다고 한 헤겔의 말과도 일맥상통한다. 뿐만 아니라 예로부터 자연을 끊임없이 노래하며, 그 자연 앞에서 겸허해지고자 했던 우리의 선비정신을 닮은 것이 서정시이다.

문수봉 시인은 그동안 두 권의 시집을 펴낸 바 있다. 그는 이번 시집에서 "자연은 사람들에게 행복을 안겨준다 …… 대자연의 따뜻한 품속으로 어릴 때 꿈을 되새김하며 돌아가고 싶다."고 고백하고 있다. 그가 자연에 기대어 살아가고 있으며 자연이 그의 시적 상상력의 뿌리임을 말해주고 있음을 알 수 있다. 이번 시집의 면면을 살펴보면, 그의 시는 대부분 자연을 통해 발화하고 상상력을 펼치고 있다. 이처럼 자연 친화적인 문수봉 시인의 시적 세계는 끊임없이 자연의 아름다움을 노래하고 있다. 그런 까닭에 "나 죽으면 한송이 야생화 되어 산 속 여기저기에 피어나리라. 아름다운 꽃, 짙은 향내음으로" 라고 말할 수 있으리라. 이러한 그의 시는 자연과의 거리두기가 아니라 마치 가족처럼 밀착된 시선으로 자연을 관조하고 있다. 그럼으로써 남들이 보지 못하는 자연의 아름다움을 시로 형상화시키며, 생태학적 상상력으로 자연이 지닌 생명성을 예찬한다. 그렇다고 그의 시가 아름다운 자연풍광만을 노래하는 것에만 그치는 것이 아니다. 철 따라 어김없이 꽃을 피우고 잎을 틔우는 자연의 정직성과 본래 자연이 지닌 절대성을 통해 자신의 삶을 성찰하거나 통찰하기도 한다. 바로 이 지점이 문수봉 시인의 이번 시집이 거둔 커다란 성과라고 할 수 있다. 그러므로 그에게 자연은 아름다움의 대명사이면서도 인간의 삶을 견인하는 스승이 아닐 수 없다.

문수봉 시인의 작품은 앞에서 밝혔듯이 자연친화적이다. 자연을 예찬하는 시편들이 많이 눈에 들어온다. 그의 이번 시집에 등장하는 자연물을 열거하면 다음과 같다. 하늘, 아지랑이, 독도, 숲, 상사화, 호수, 눈, 백련, 새, 봄비, 안개비, 매화, 호박, 바람, 왕대, 고양이, 수국, 산벚꽃, 별, 바다, 바위, 장미, 나뭇잎, 달빛, 낙엽, 산골짝, 봄, 길, 고라니, 야생화, 연못, 달, 태양, 구름 등 우리 주변에서 쉽게 만날 수 있는 것들이다. 이러한 자연물 속에 '인간'조차도 자연의 구성원으로 인식하고 있다. 이러한 그의 시적 세계관은 인간 중심적인 근대관보다 모든 생명체의 등가를 똑같은 무게로 바라보는 탈근대적이다. 그의 시적 형식의 특징은 매우 독자친화적이어서 난해하지 않아 일상어를 구사하고 있다.

2.

앞에서 밝혔듯이 그의 시 대부분이 자연을 시적 소재로 차용하고 있으며, 그러므로 이번 시집도 『자연의 품속으로』라고 시제를 붙일 수 있었을 것으로 짐작된다. 일면 그의 시는 자연의 아름다움을 발견하는데 공을 들이고 있다. 더불어 자연을 통해 자연과 인간의 유기적인 관계를 설정함으로써 자연에 깃든 보편적인 가치를 끌어내어 인간과 자연이 상생하는 모습을 드러낸다.

자연 속에서
동물들과 어우러져
상생의 길을 걷는 숲

숲은 자연의
일부분 이지만
그 속에서
산다는 것은
행복이다

숲은 감동이다
맑은 산소를
무한정 공급한다

숲은 사랑이다
깨끗한 지하수를
끊임없이 선물한다

숲은 건강이다
명상에 잠기는
여유를 갖는다

숲과 인간이
공존할 때
비로소 자연은
아름다워 진다네

-「숲」 전문

'숲'이 인간에게 어떤 효용성이 있는지 그 가치를 말해주는 이 작품은 숲과 인간의 상생의 메시지를 던지고 있다. 작품 서두에서 "동물들과 어우러져/ 상생의 길을 걷는 숲"이라고 전제하며, "숲은 자연의/ 일부분이지만/ 그 속에서/ 산다는 것은/ 행복이다"라고 말한다. 숲이 인간에게 유용한 자연물이라는 인식을 드러낸다. 숲과 함께하는 것이 '행복'이라면서, 한편으로는 "숲은 감동이다"고 하는데, 그것은 "맑은 산소를/ 무한정 공급"하기 때문이다. 생명체는 산소가 없으면 생명을 유지할 수 없다. 그런데 숲이 산소를 공급하기 때문에 감동적일 수밖에 없다. 모든 생명의 근원은 주지하다시피 '물'이다. 지구에 물이 있음으로 해서 생명체가 탄생한 것은 다 아는 사실로, 물은 수소와 산소로 구성된 것임으로 산소가 생명의 근원이며 기원이라고 할 수 있다. 그러므로 시적 화자는 "숲은 사랑이다"라고 말한다. "깨끗한 지하수를/ 끊임없이 선물"하기 때문이다. 더불어 "숲은 건강이다"라고 말할 수 있는 것은 자연의 일원인 숲에서 "명상에 잠기는/ 여유를 갖"게 한다. 앞에서 살펴보았듯이 이 작품은 'A는 B이다'라고 하는 형식을 통해 우리에게 숲의 유용함과 함께 인간이 숲과 공존해야 하는 이유를 밝히고 있다. 그런 까닭에 시적 화자는 "숲과 인간이/ 공존할 때/ 비로소 자연은/ 아름다워진다"고 말할 수 있는 것이다. 시인이 이 작품을 통해 숲과 인간의 상생의 메시지를 보내는 것은 오늘날 자연(숲)을 자본의 논리로 함부로 훼손해왔기 때문이며 이러한 인간의 욕망을 환기시키고자 하는 목적성을 드러낸 것이다.

이 작품이 말하는 핵심은 '생명성'이다. 이와 연계하여 다음 작품 「봄비」는 생명의 본질인 '물', 즉 '봄비'에서 물이 지닌 가치를 말하고 있다.

> 겨울이 지나고
> 따뜻한
> 봄이 되면
> 봄비가

자주 내린다

이슬비가
흙을 촉촉이
적시도록
내리는 것은

땅속의
새싹들을
틔우기
위함일까

며칠마다
내리는 비가
신기하고

자연의 섭리가
오묘하기
때문에

이 땅의
생물들이
한없이
고마워 한다네

-「봄비」 전문

사계절이 뚜렷한 우리나라에서 각 계절은 상징적 의미가 부여되어 있다. 봄은 생명이 부활하거나 생명이 움트는 시공간이며, 여름은 무성한 생명성의 시공간, 가을은 결실과 자신을 모두 연소시키는 조락의 시공간, 그리고 겨울은 생명의 시련과 죽음의 시공간으로 인식한다.

이 작품의 시간적 배경인 '봄'은, 혹독한 추위를 견뎌낸 것들이 다시 생명성을 푸르게 생기발양하며 움트는 시공간으로 설정되어 있다. 죽음의 계절인 '겨울'이 지나면, "따뜻한/ 봄이" 온다. 봄이 오면 생명을 일깨우는 "봄비가/ 자주 내린다". 여기에서 '봄비'는 희망과 생명성을 나타내는 의미를 지닌다. "이슬비가/ 흙을 촉촉이/ 적시도록/ 내리는 것은// 땅속의/ 새싹들을/ 틔우기/ 위함"이다. 대지의 여신인 가이아(Gaia)와 봄비가 만남으로 해서 대지에서 인고의 시간을 견딘 모든 생명체의 잠을 깨움으로 하여 대지는 생명의 환희가 시작된다. 이러한 자연의 섭리는 "며칠마다/ 내리는 비가/ 신기"한 것은 '겨울'이라는 죽음의 시공간에 따스한 생명의 호흡을 불어넣는다. 시적 화자는, 그러므로 자연의 섭리가 오묘하다고 하는 것이다. 그런 까닭에 "이 땅의/ 생물들이/ 한없이/ 고마워"한다. 이 작품은 자연의 오묘한 섭리와 질서에 놀라면서도 이처럼 마법을 부리는 듯한 자연의 이치에 고마운 마음을 담아내고 있는 것이다.

앞에서 살펴보았듯이 자연의 섭리는 지상의 모든 생명들이 서로 상생관계가 되도록 하는 힘을 가졌다. 여기서 시인은 자연의 섭리에 순응하고 이러한 자연을 아름다운 존재로 인식하고 있다.

「하늘의 조화」는 자연을 움직이는 것이 조물주라는

초자연적인 존재임을 묘파하기도 한다.

하늘은
거대한
도화지

앙증맞은
토끼를
그리고

장미꽃을
예쁘게
펼치기도 한다

가끔은
시골의
초가집에서

하얀 연기가
피어오르는
그림을 그린다

조물주가
우주 만물을
하늘에
그리는 것은

자연의
조화 속에서

행복하게
살기를 바라는
은혜와
사랑이겠지

-「하늘의 조화」 전문

이 작품은 마치 어린아이처럼 동심으로 자연(하늘)을 바라보고 있다. 주지하다시피 서정시는 동심(童心)으로 사물을 바라보고 상상력을 펼칠 때 보다 진정성 있고 감흥이 더해져 독자의 마음을 움직일 수 있다. 마치 한 편의 동시를 보는듯한 순수하고 해맑은 작품이다. "하늘은/ 거대한/ 도화지"라는 것에서 알 수 있듯이 끝없이 펼쳐진 '하늘'을 '거대한 도화지'로 인식한다. 도화지는 아직 그림이 그려있지 않은 순수성을 지닌 존재의 은유이다. 그러므로 도화지에 마음껏 상상력을 펼쳐 그림을 그릴 수 있다. "앙증맞은/ 토끼를/ 그리고// 장미꽃을/ 예쁘게" 그릴 수도 있다. 뿐만 아니라 "가끔은/ 시골의/ 초가집에서// 하얀 연기가/ 피어오르는/ 그림을 그린다". 이 작품에서 '도화지'는 "조물주가/ 우주 만물을" 그릴 수 있는 것이다. 시적 화자는 이러한 현상을 "자연의 조화"라고 한다. 그리고 인간과 자연이 "행복하게/ 살기를 바라는/ 은혜와/ 사랑이"라고 믿는다.

서정시는 시인의 상상력에 의해 메시지는 물론 정서를 환기시킨다. 이때 상상력은 시인의 내면에 깃든 총체성을 바탕으로 펼쳐지고, 서정시의 특징인 정서를 개성 있게 발현한다. 그러므로 이 작품은 문수봉 시인의 순수하고 해맑은 정신성이 표출된 것이라고 할 수 있다.

3.

앞에서 살펴본 문수봉 시인의 작품들은 자연의 아름다움과 자연과 인간의 상생관계로 조화를 이룰 때 '행복', '사랑', 그리고 다양한 가치를 얻을 수 있음을 설파하고 있다. 뿐만 아니라 이러한 자연을 움직이는 것이 초자연적인 존재가 부리는 섭리에 의해서라고 인식한다. 그러므로 초자연적인 존재에 대해 순응하는 것이 인간을 포함한 자연임을 말해준다. 이러한 문수봉 시인의 시적 경향과 또다른 시적 세계를 보여주는 것이 자연을 통해 성찰하고 통찰하는 깨달음의 메시지를 주는 시편들이다. 변덕스러운 인간에 비해 자연은 언제나 정직하고 변함없는 존재로, 그런 까닭에 시인은 자연을 통해 자신의 삶을 살펴본다.

황금 들판이
사라지고
매서운
바람이
불어온다

나뭇잎은

갈색으로
물들고

내 얼굴에도
가을이
찾아왔구나

주름진 얼굴
깊게 파인
골짜기마다
인생의 아픔이
배어 있네

살아온 길 위에
붉은 노을이
물들면

어디로 가야 할까
한숨 소리만
가득하다

-「내 얼굴에 가을이」 전문

위 작품의 시간적 배경은 추수가 끝난 늦가을 쯤이다. 주지하다시피 '가을'이라는 시공간은 봄날의 환희와 여름날의 무성함을 지나 결실의 계절이다. 그러므로 늦가을은 추수가 모두 끝난 그런 시점이다. 인간의 시간으로 바라보면 청년시절을 지나 황혼에 이르는 노년이라고 할 수 있다. "황금들판이/ 사라지고/ 매서운/ 바람이/

불어"오는 겨울의 초입이기도 하다. 이때 "나뭇잎은/ 갈색으로/ 물들고// 내 얼굴에도/ 가을이 찾아왔"다. 문수봉 시인의 이러한 경향의 작품들은 시집의 작품성과 작품의 무게를 느끼게 해준다. 자연 예찬을 넘어, 자연을 통해 시인의 삶을 바라보기 때문이다. "내 얼굴에도/ 가을이/ 찾아왔"음을 인식하는 태도에서 보다 내밀하게 자신의 삶을 바라보는데, "주름진 얼굴/ 깊게 파인/ 골짜기마다/ 인생의 아픔이/ 배어 있"음을 발견하기에 이른다. 계절을 지나오면서 온갖 풍상을 겪은 나무처럼 화자 역시 굴곡진 삶을 살아왔음을 고백하며 "살아온 길 위에/ 붉은 노을이/ 물들면// 어디로 가야할까/ 한숨소리만 가득하다"고 한다. 이러한 시적 화자의 진술은 자신의 삶을 뒤돌아보며 쉬는 한숨만을 의미하지 않는다. 보다 나은 삶을 살겠다는 성찰적인 태도이기도 하다.

「벼랑 끝에서」도 앞의 작품들처럼 가치있게 살고 싶은 의지가 배어있다.

천 길
낭떠러지
벼랑 끝

내가
서 있는 곳
어디인가

바람만

불어도
흔들리는

가냘픈
마음
깊은 곳에

아스라이
보이는
인생길의 끝

살고 싶다는
희망을
찾고 있네

-「벼랑 끝에서」 전문

'벼랑'은 길이 끊긴 지리적환경을 말한다. 그런데 길은 사방팔방으로 이어져 있기 마련이다. 벼랑 앞에 이르는 길은 "천 길/ 넝떠러지"이지만, 그래서 벼랑 끝에 선 길은 아찔하다. 이 아찔함이 "내가/ 서 있는 곳/ 어디인가"라고 자신이 현재 어디에 있는지를 묻는다. 이러한 행위는 잘못 든 길에 대한 반성이며, 이 반성을 바탕으로 자신이 지나온 길을 되돌아보는 성찰의 태도이다. 그래야만 바른 길을 모색할 수 있기 때문이다. '벼랑 끝'은 "바람만/ 불어도/ 흔들리는" 위험한 길이다. 인간은 누구나 한 번쯤 '벼랑 끝'이 함께하는 시련을 겪으며 살아가기 마련이다. 지난한 삶을 극복해야만 보다 바른 길을 찾아갈 수 있으므로 위태로운 벼랑 끝에서 "가냘픈/ 마음/ 깊은 곳에// 아스라이" 가야 할 인생길의 끝이 보이기도 한다. 그러므로 "살고 싶다는/ 희망을/ 찾"을 수밖에 없다. 이 작품은 '벼랑 끝'이라는 자연을 통해 시련 앞에 닥친 인간의 길을 모색하고 있다. 자연을 아름다움의 대상이나, 인간과 함께 살아가야할 동반자라는 생각을 넘어 인간의 실존을 모색하게 하는 기표로 인식하고 있다.

4.

문수봉 시인의 작품세계를 간단하게 살펴보았다. 아름다움의 대상으로서의 자연, 함께 공생해야 할 동반자로서의 자연, 그리고 봄, 여름, 가을, 겨울 등 사계 속에서 인간의 삶에 비유하여 바라보는 시인의 시선이 투사된 자연, 인간의 실존을 모색하게 하는 기표로서의 자연의 모습을 보여주는 것이 이번 시집의 특징이다. 이러한 문수봉 시인의 시세계는 서두에서 밝힌 것처럼 매우 자연 친화적인 내용을 일상어, 또는 사전적인 의미를 넘지 않고 있어 독자 친화적이다. 이러한 그의 시는 우리 주변에서 쉽게 만날 수 있는 것들을 시로 형상화하고 있어 무척 친근하게 다가오는 장점이 있다. 더불어 문수봉 시인이 추구하는 시세계들은 시인의 삶을 통해 축적된 삶의 총체성을 기반으로 발현된 것들로 '야생화로 태어나고 싶다'는 그의 바람처럼 지극히 소박한 꿈을 형상화한 것으로 이해할 수 있다.

문수봉 시집
자연의 품속으로

2023년 3월 5일 인쇄
2023년 3월 10일 발행

지은이 | 문 수 봉
펴낸이 | 강 경 호
인쇄 · 기획 | 도서출판 시와사람
등 록 | 1994년 6월 10일 제 05-01-0155호
주 소 | 광주시 동구 양림로119번길 21-1(학동)
전 화 | (062)224-5319
팩 스 | (062)225-5319
E-mail | jcapoet@hanmail.net

ISBN 978-89-5665-663-2 03810

값 12,000원

공급처 ■ 한국출판협동조합
경기도 파주시 적성면 적성산단3로 10 (적성일반산업단지 내)
주문전화 (02)716-5616, 070-7119-1740